Inhalt

Green Controlling - Zahlenwerke durch die grüne Brille betrachtet

Kernthesen

Beitrag

Fallbeispiele

Weiterführende Literatur

Impressum

Green Controlling - Zahlenwerke durch die grüne Brille betrachtet

Robert Reuter

Kernthesen

- Ein ökologisch ausgerichtetes Controlling findet in deutschen Unternehmen noch nicht statt.
- Denkbare Arbeitsfelder "grüner" Kontrolleure sind der Ressourcenverbrauch, der Schadstoffausstoß und die mit Zahlen vorgenommene Abbildung von Umweltbilanzen.
- Grünes Controlling wird sich nicht nur auf die Produktion im Hause, sondern auch auf die Umweltbilanz der Produkte in den Händen der Verbraucher ausrichten.

Beitrag

Green Controlling - noch immer in den Kinderschuhen

Nachhaltigkeit ist für viele Unternehmen ein Teil ihres Selbstverständnisses geworden. Sogar Chemiefirmen wie Henkel oder der Autobauer Porsche haben ihre Nachhaltigkeitsstrategie nachgewiesen und dürfen sich mit einem dementsprechenden Zertifikat schmücken. Dies verwundert immer noch, denn weder Chemiefirmen noch Sportwagenhersteller sind für ihre ökologische Ausrichtung bekannt. Dass sie dennoch zu den nachhaltig wirtschaftenden Unternehmen gehören, liegt an der breiten Fächerung der Kriterien. Auch durch die Übernahme gesellschaftlicher Verantwortung oder durch die sparsame Verwendung von Ressourcen können Unternehmen Nachhaltigkeitsstatus erlangen - auch wenn ihre Produkte als nicht besonders umweltschonend angesehen werden.

Das sich in den Unternehmen immer stärker ausbreitende Nachhaltigkeitsstreben wirft die Frage auf, welchen Beitrag das Controlling hierzu liefern kann. "Green Controlling" steckt allerdings noch immer in den Kinderschuhen. Derzeit werden sich an vielen Stellen Gedanken darüber gemacht, wie ein auf Nachhaltigkeit ausgerichtetes Controlling überhaupt aussehen könnte. Die Ideenwerkstatt des Internationalen Controllervereins (ICV) hat zu dieser Frage im vergangenen Jahr eine umfangreiche Studie erstellt, die als erster Leitfaden dienen kann. (1), (2), (3)

In den Firmen kaum verbreitet

Ergeben hat die Umfrage, dass bereits eine große Zahl von Anknüpfungspunkten des betrieblichen Controllings mit dem Nachhaltigkeitsstreben der Unternehmen existiert. Neben messenden, bewertenden und steuernden Aspekten sehen die Controller ein weiteres Aufgabenfeld darin, die Unternehmensführung für die Bedeutung grüner Themen zu sensibilisieren. Zugleich wurde deutlich, dass Green Controlling noch kaum verbreitet ist. Über 90 Prozent der befragten Unternehmen verfügen nicht über einen Handlungs- bzw. Vorgehensplan zum Umgang mit ökologischen Themen im Sinne einer "Green Controlling Agenda". Die Arbeit der Controller beschränkt sich zumeist darauf, Informationen zur ökologischen Leistung des Unternehmens zu sammeln. Kontrollierbare Kennzahlensysteme existieren hingegen kaum.

Zugleich macht die Studie deutlich, dass die beiden anderen Nachhaltigkeitsaspekte - ökonomische und soziale - hinter dem auf Ökologie ausgerichteten grünen Controlling noch zurückstehen. Ein integratives Controlling, das alle drei Säulen der Nachhaltigkeit umfasst, wird in der Literatur auch als Sustainability Management oder Corporate Social Responsibility Management bezeichnet. (1), (2), (5)

Rohstoffe und Strom stehen im Mittelpunkt

Bei einer Systematisierung von grünen Controllingaufgaben geraten die vom Unternehmen verwendeten Ressourcen in den Mittelpunkt der Betrachtung. Da sich der Verbrauch quantifizieren lässt, ist die begleitende Kontrolle kein Problem. Auch die mengenmäßige Verwendung von Strom und Rohstoffen sowie der Ausstoß von Schadstoffen lassen sich gut in eine Scorecard eintragen. Schon mehr gerechnet werden muss bei der Abbildung der Verbrauchsreduzierung, die dann besonders anfällt, wenn sich ein Unternehmen zum Ziel gesetzt hat, energieneutral zu produzieren. Der vierte denkbare Punkt für das Controlling sind weitere Ökomaßnahmen wie die Reststoffverwertung und die Materialrückgewinnung.

Mit der Produktion im Unternehmen sind die Kontrollaufgaben jedoch noch nicht erschöpft. Diese können sich auch auf das Produktleben in den Händen der Kunden ausweiten. Sowohl die Produktnutzung als auch die spätere Entsorgung können unter Ökobedingungen neu quantifiziert werden. Die Aufgabe des Controllings wäre es dann, Kennzahlen auch über die Umweltbelastung ihrer Produkte nach dem Verkauf zusammenzustellen. Die wichtigste Aufgabe eines grünen Controllings kann damit darin gesehen werden, die ökologische Ausrichtung des Unternehmens messbar zu machen und, zweitens, die Wirtschaftlichkeit ökologischer Strategien abzubilden - und sie im besten Fall nachzuweisen.

Für die zahlenmäßige Darstellung von Schadstoffemissionen steht das Carbon Controlling zur Verfügung. Hiermit werden Emissionen in CO_2-Adäquate umgerechnet, woraus ein Zahlenwerk entsteht, mit dem sich der Status Quo der betrieblichen Umweltleistung für das Unternehmen, für die Wertschöpfungskette oder den Lebenszyklus eines Produktes ermitteln lässt. (1), (5), (6)

Integration in die Unternehmensziele

Zu vermeiden ist nach Meinung der Autoren der Studien die Implementierung von Öko-Parallelabteilungen im Unternehmen, die sich dann mit den Controllern um Kompetenzen rangeln. Um die Ergebnisse des Öko-Controllings fruchtbar zu machen, sollten diese überdies in die strategische Unternehmensplanung integriert werden. Für die Unternehmenssteuerung biete sich die Einarbeitung der Zahlen in die Balanced Scorecard an. Aufgrund der Mehrdimensionalität der BSC sei eine Integration ökologischer Ziele besonders gut realisierbar. (1), (5)

Trends

Zukunftsaufgaben

Grünes Controlling und verhaltensorientiertes Controlling sind Experten zufolge die derzeit wichtigsten Entwicklungsfelder für Kontrolleure. Ein weiteres Zukunftsfeld ist die Überwachung der Compliance, das heißt die Einhaltung von gesetzlichen und ethischen Regeln. Verbesserungsbedarf sehen die Experten bei der Effizienz des Controllings. (4)

Fallbeispiele

Kennzahlen für die Caterer

Ein Beispiel für konkrete Maßnahmen zur Einführung eines grünen Controllings bietet die Lufthansa. Die Airline hat ein Kennzahlensystem an den Start gebracht, das die Nachhaltigkeitsbemühungen des Konzerns plastisch abbilden soll. Fokussiert ist die Lufthansa insbesondere auf Green IT. Ein anderes Feld für die Controller ist das Catering, dessen Aktivitäten zur Reduzierung des Strom- und Wasserverbrauchs bereits vom Controlling erfasst sind. (5)

Umweltkennzahlen bei Hansgrohe

Bei der Hansgrohe AG wurden bereits Schnittstellen geschaffen, an denen das Controlling in die Strategiearbeit des Sanitärherstellers eingreifen kann. Diese Schnittstellen ergeben sich aus der Zusammenarbeit im Lenkungsausschuss "Green Company" und aus einer vom Controlling erarbeiteten Vorlage, mit der einzelne Arbeitsgruppen das Nachhaltigkeits-Potenzial von Maßnahmen und Projekten bestimmen können. Zudem hat das

Controlling Umweltkennzahlen entwickelt und bewertet monatlich die Umsatzzahlen der "grünen" Produkte. Das Controlling gibt so Auskunft über den Erreichungsgrad der strategischen Nachhaltigkeitsziele. (5)

Sustainable Value bei der Deutschen Telekom

Nachhaltigkeit gilt im weltweiten Telekommunikationsmarkt als eine Herausforderung der nächsten Jahre. Die Deutsche Telekom strebt hier international eine führende Rolle an. Aus diesem Grund wurden für die Telekom die Einsatzmöglichkeiten des Sustainable-Value-Ansatzes überprüft. Das Ergebnis ist, dass externe Betrachtungen aufgrund der uneinheitlichen Berichterstattung der Benchmarks derzeit in der Regel nur aufgrund von Schätzungen möglich sind, was die Aussagekraft noch stark beeinträchtigt. Eine Integration der Nachhaltigkeit in die Unternehmenssteuerung über den Sustainable-Value-Ansatz als "internes" Steuerungsinstrument (innerhalb des Konzerns) wird jetzt schon als durchaus sinnvoll erachtet. (2)

Weiterführende Literatur

(1) Green Crontrolling als (neue) Aufgabe für den Controller?
aus CONTROLLER Magazin, Heft 4/2011, S. 18-20

(2) Sustainable Value in der Unternehmenssteuerung
aus CONTROLLER Magazin, Heft 5/2011, S. 80-85

(3) Auf dem Weg zur Nachhaltigkeit
aus OrganisationsEntwicklung Nr. 4 vom 22.10.2010 Seite 004

(4) Zukunftsthemen des Controllings
aus CONTROLLER Magazin, Heft 5/2011, S. 34

(5) Green Controlling / Relevanz und Ansätze einer "Begrünung" des Controlling-Systems
aus CONTROLLER Magazin, Heft 5/2011, S. 34

(6) Green Controlling - eine (neue) Herausforderung für den Controller? / Relevanz und Herausforderungen der Integration ökologischer Aspekte in das Controlling aus Sicht der Controllingpraxis
aus CONTROLLER Magazin, Heft 5/2011, S. 34

Impressum

Green Controlling - Zahlenwerke durch die grüne Brille betrachtet

Bibliografische Information der deutschen Nationalbibliothek

Die Deutsche Nationalbibliothek verzeichnet diese Publikation in der deutschen Nationalbibliografie; detaillierte bibliografische Daten sind im Internet über http://dnb.d-nb.de abrufbar.

ISBN: 978-3-7379-0097-3

© 2015 GBI-Genios Deutsche Wirtschaftsdatenbank GmbH, Freischützstraße 96, 81927 München, www.genios.de

Alle Rechte vorbehalten. Dieses Werk ist einschließlich aller seiner Teile – z.B. Texte, Tabellen und Grafiken - urheberrechtlich geschützt. Jede Verwertung außerhalb der Grenzen des Urheberrechtsgesetzes bedarf der vorherigen Zustimmung des Verlags. Dies gilt insbesondere auch für auszugsweise Nachdrucke, fotomechanische Vervielfältigungen (Fotokopie/Mikroskopie), Übersetzungen, Auswertungen durch Datenbanken oder ähnliche Einrichtungen und die Einspeicherung und Verarbeitung in elektronischen Systemen.